Giuseppe Gracia

Die Utopia-Methode

www.fontis-verlag.com

# VORBEMERKUNG DES AUTORS

*In diesem Buch geht es um eine Kritik an Ideen und politischen Programmen, nicht um eine Kritik an Menschen. Mein Einspruch gegen den medialen Mainstream bei Themen wie Klimaschutz, Gender, Rassismus oder Feminismus richtet sich gegen die damit verbundenen Anschauungen und Ziele, jedoch keineswegs gegen die Menschen, die sich in diesen Bereichen engagieren. Ihnen gilt vielmehr meine ungeteilte Wertschätzung, unabhängig von den Überzeugungen, die uns trennen mögen.*

# INHALT

# PACKUNGSBEILAGE

Achtung! Das Lesen dieses Buches kann Risiken und Nebenwirkungen nicht ausschließen. Es ist mit erhöhtem Pulsschlag und zeitweise trockenen Schluckbeschwerden während der Lektüre zu rechnen. In seltenen Fällen kann es zu massiver Durchblutung im Bereich des Stammhirns kommen, infolgedessen ein Mechanismus in Gang tritt, den die Angelsachsen treffend als «blows my mind» bezeichnen. Das alles darf den Leser daran erinnern, dass er sich immer noch in der Realität befindet und nicht in Utopia. Diese Erdung ist als Nebenwirkung der Lektüre ausdrücklich willkommen und sollte Ihnen keine Sorgen, sondern Hoffnung bereiten.

Die Substanz dieses Buches fokussiert das allgegenwärtige Imaginationsprinzip links-grüner, neusprachlich «woker»*, Gesellschaftsingenieure, die unter dem Anspruch der Weltverbesserung einen gesellschaftlichen Mechanismus etablieren, der in Wahrheit die Wirklichkeit verachtet. Aus Utopia winken indes die Untoten von dem Ort, der nie stattfindet.

Mit chirurgischer Präzision und psychoanalytischem Gespür dechiffriert Giuseppe Gracia diese neue Methode der Weltgestaltung, die sich implizit oder explizit gegen die Freiheit und das Christentum wendet. Diesem streitbaren literarischen Einwurf sei eine atemfrische Debatte gewünscht.

*Dominik Klenk, Verleger*

---

* in hohem Maß politisch wach und engagiert gegen Diskriminierung, von englisch woke, eigentlich «[er, sie, es] erwachte», im amerikanischen Slang für englisch woken = aufgewacht, erweckt

# 1. KULTURKÄMPFER DES WOHLSTANDS

Meinungsfreiheit, Religionsfreiheit, Handelsfreiheit, Versammlungsfreiheit, Reisefreiheit. Ob in den USA oder in Westeuropa: Immer mehr politische Bewegungen und Gruppen wollen diese Freiheiten einschränken oder ganz abschaffen – im Namen einer neuen, kollektiven Moral, die in Zukunft über der Freiheit des Einzelnen stehen soll. Eine Moral im Namen von Anti-Diskriminierung, Anti-Rassismus, Anti-Faschismus und Klimaschutz. Ich nenne die Akteure dieser Bewegungen «Kulturkämpfer 2.0»: Sie prägen seit einigen Jahren unseren politisch-medialen Mainstream und haben dem Lebensstil und der Kultur, dem sie ihre Bildung und ihren Wohlstand verdanken, den Kampf angesagt.

Zugespitzt formuliert, stehen auf der einen Seite dieser Auseinandersetzung jene, die den Glauben an die individuelle, religiöse und politische Freiheit als elementar betrachten und grundsätzlich verteidigen. Ihnen gegenüber stehen jene, die Missbräuche und Ungerechtigkeiten einer marktliberalen, kapitalistischen Gesellschaft beklagen und einen «Systemwechsel» fordern. Damit verbunden ist der Glaube an einen neuen Kollektivismus der gerechten, zukunftsweisenden, umweltschonenden Gesinnung. Der Glaube an eine internationale politische Macht, welche die Freiheit der Bürger umverteilen muss. Eine Macht, welche unsere Freiheit gesellschaftsverträglich einhegen muss – denn auf der Welt gibt es einfach zu viele unsolidarische, egoistische Personen.

Viele Debatten, von denen wir zurzeit täglich in den Nachrichten erfahren, drehen sich unter der Oberfläche um diese Grundpositionen, in Bewegung gehalten von digitalisierten, moralisierten, emotionalisierten Aktivisten, die fundamental in Frage stellen, was bis vor wenigen Jahren noch als Erfolgsgeschichte des Westens verstanden wurde. Aktivisten, die uns «erlösen» wollen vom toxischen, patriarchal-imperialen Kapitalismus. Die Menschheit verbessern. Das Weltklima retten. Die Kultur reinigen – reinigen von weißen männlichen Rassisten, Sexisten und Faschisten.

## Geboren auf dem Campus

Diese neo-revolutionäre Stimmung – geboren unter anderem in den Vereinigten Staaten von Amerika – entstand auf dem Campus von gut dotierten Universitäten, von Hochschulen des Wohlstands, und prägt seitdem Studenten und künftige Führungskräfte. Studenten und Führungskräfte, die zwar Kinder des Wohlstands sind, aber gerade gegen jene Werte und Lebensmodelle ins Feld ziehen, denen sie ihre Privilegien verdanken.

Das Phänomen wirkt wie eine Mischung aus kultureller Selbstdemontage, Geringschätzung der Vorfahren und einem neuen, einem moralischen Puritanismus. Einem Puritanismus, der mit Sprachpolizei arbeitet, mit Gesinnungspolizei und sprungbereiten Social-Media-Mobs – drapiert mit Regenbogenfahne, Klimaziel und Genderstern.

Fridays for Future, Black Lives Matter, #MeToo, Critical Race Theory: An der Oberfläche tauchen ganz diverse Anliegen auf. Wir hören von Umweltschutz und Klimawandel, vom Kampf gegen strukturellen Sexismus und gegen Sextäter in Machtstellung, vom Schutz von LGBTIQ*-Menschen und von Bestrebungen, Rassismus an allen Fronten und vor allem in der Rechtsprechung zu bekämpfen.

## Systemisch ungerecht

Schaut man jedoch genauer hin, dann haben alle diese Bewegungen unter der Oberfläche eine gemeinsame Stoßrichtung: Sie alle richten sich im Kern gegen den Liberalismus. Sie alle empfinden die westliche Kultur als «systemisch» ungerecht. Als rassistisch-imperialistisch-frauenfeindlich. Als umweltschädlich, transphob, islamophob und so weiter. Als Medizin empfehlen sie mehr Staat und weniger Bürgerfreiheit. Und sie haben ein Problem mit dem Christentum. Sie lehnen zwar nicht grundsätzlich Religionen ab, sondern nehmen etwa den Islam in Schutz oder begeistern sich für den Buddhismus und asiatische Spiritualität. Doch sie haben ein Problem mit dem traditionellen Christentum, das die weltanschaulich-moralische Grundlage des Abendlandes bildet.

Das wirft die Frage auf, wie es so weit kommen konnte. Wie ist es möglich, dass in den letzten Jahren antifreiheitliche und antichristliche Bewegungen so erfolgreich wurden, dass sie es schafften, den öffentlichen Mainstream zu prägen? Wie ist es möglich, dass heute mehr und mehr antiwestliche Ideologien das westliche Kulturschaffen dominieren? Dass Millionen junger Menschen sich gegen die Kultur ihrer Eltern und Großeltern aufbringen lassen? Wieso vertrauen diese Jungen, die alle Freiheiten haben, den Grundlagen dieser Freiheit nicht mehr? Ob Klimakrise, Pandemiekrise, Wirtschaftskrise oder Geschlechtergerechtigkeit: Statt auf Forschung, Markt und mündige Bürger setzt man lieber auf den Staat als Vormund – Gesetze, Steuern und Quoten.

Wie ist das möglich, obwohl der Westen nicht nur den größten Massenwohlstand der Geschichte hervorgebracht hat, sondern auch den größten Grad an gesellschaftlicher Freiheit? Kreativität, Innovation und Fortschritt für Hunderte von Millionen: Welche andere Kultur kann einen solchen Leistungsnachweis vorweisen?

Es ist schwer zu erklären, warum diese Traumbilanz von vielen als Alptraum-Bilanz betrachtet wird. Ist es Blindheit für den Rest der Welt? Ist es moralische Dekadenz, Wohlstandsverwahrlosung? Oder steckt mehr dahinter?

# 2. DIE UTOPIA-METHODE

Um die aktuelle Entwicklung besser zu verstehen, kann es helfen, sich der Methode bewusst zu werden, mit der verschiedene Aktivisten und Bewegungen derzeit vor allem junge Menschen überzeugen. Eine Methode und argumentative Logik, mit der öffentlichkeitswirksame Narrative aufgebaut und als Anklage gegen die westliche Kultur vorgetragen werden.

Die «Utopia-Methode» funktioniert im Kern so, dass eine vorgefundene menschliche oder gesellschaftliche Realität mit einem Wunschbild verglichen wird, das nirgends real existiert, sondern nur dazu dient, Fundamentalkritik zu legitimieren. Statt also die Realität und Geschichte des Westens mit der Realität und Geschichte anderer Kulturen zu vergleichen – etwa derjenigen von China, Afrika oder von

Ländern im islamischen Raum –, wird die westliche Realität mit Utopia verglichen.

## Beispiel Familie

Diese Methode hat nichts mit Selbstkritik oder Idealismus zu tun, um Fehlentwicklungen des Westens zu korrigieren. Idealismus, Verbesserungswille und kritische Geister braucht jede offene Gesellschaft, um sich zu entwickeln. Idealismus, Verbesserungswille und kritische Geister gehören gerade zum Fundament des Westens. Doch das kann die «Utopia-Methode» nicht leisten. Dies zeigt sich schon im eigenen Familienkreis: Selbst wenn man die Methode nur privat anwenden würde, brächte sie viel Schaden und keine Verbesserungen.

Der Grund ist denkbar einfach: Wenn ich zum Beispiel meinen real existierenden Lebenspartner nehme, der zwar liebevoll ist, aber nicht immer, zwar eine Lebenshilfe, aber nicht die ganze Zeit über – der also Fehler und Schwächen hat wie alle Menschen –, und diesen Menschen dann mit einer Traumprinzessin oder einem Traumprinzen vergleiche, wird die Enttäuschung über meinen real existierenden Partner (bewusst oder nicht) zunehmen.

Das Gleiche gilt für meine Kinder, Geschwister, Eltern und Freunde: Verglichen mit Menschen aus der Traumfabrik mutieren alle realen Menschen, ob klein oder groß, zunehmend zu Sonderlingen, Spießern, Halbgestörten, Totalgestörten. Verglichen mit der Utopie einer Disneyland-Familie ohne Abgründe sind wir alle irgendwie gestört.

Vom Wunsch nach einer besseren Familie ist es nicht weit bis zum Wunsch nach einer besseren Menschheit: Die wachsende Empörung über die westliche Kultur, wie wir sie derzeit erleben, kann gelesen werden als Ergebnis der Anwendung der Utopia-Methode auf die gesamte Gesellschaft. Immer neue Schattenseiten und Ungerechtigkeiten sind zu beklagen. Jedes real existierende Gesellschaftssystem ist mangelhaft und muss gegen Utopia verlieren – vor allem, wenn man die Realität anderswo auf der Welt systematisch ausblendet.

## Kein Realvergleich der Kulturen

Menschenrechtsverletzungen, Wohlstandsniveau, Radikalismus, Klimasünden, Feminismus in islamisch dominierten Ländern? Imperiales Gehabe, Rassismus oder Klimasünden in China, Russland? Nein, für die neuen Kulturkämpfer ist das nicht das Thema. Es *darf* nicht das Thema sein! Denn verglichen mit dem Rest der Welt würde der Westen in diesen

Dingen relativ gut abschneiden. Ja, es würde sich zeigen: Jüdisch-christliche Werte, Liberalismus und Kapitalismus sind gar keine schlechten Grundlagen, um eine gute Gesellschaft zu gestalten.

Deswegen ist ein solcher Realvergleich der Kulturen nicht erwünscht. Man vergleicht also den real existierenden Kapitalismus lieber mit einem idealen, theoretischen Sozialismus als mit dem real existierenden Sozialismus à la Nordkorea oder Venezuela. Schließlich soll der Kapitalismus schlecht dastehen.

«Freiheit ganzheitlich und gerecht denken»
«Gerechtigkeit schaffen»
«Eine Welt denken, die Atomwaffen nicht nötig hat»
«Sexismus überwinden»
«Rassismus überwinden»
«Die Zukunft gehört klimaneutralen Zivilisationen»

Politische Losungen wie diese klingen nach einer Welt, gegen die grundsätzlich niemand etwas einwenden kann. Nach einer Welt, wie sie alle gern hätten, ohne dass sie jemals erreicht wird. Denn es wird eine Menschheit vorausgesetzt, die es nicht gibt, die es nie gegeben hat und auch nie geben wird.

Derzeit leben einige politische Bewegungen davon, eine Menschheit aus gerechten, moralisch und ökologisch gereinigten Menschen zu postulieren. Die Kontrastfolie für die Propaganda dieser Kulturkämpfer ist Utopia.

## Feindbild Kapitalismus

Kapitalismus und freie Marktwirtschaft stehen häufig im Fokus, wenn es um einen «Systemwechsel» geht, auch in den Denkfabriken der aktuellen Kulturkämpfer. Diese prangern Missstände einer liberalen Ökonomie an, etwa das Fehlverhalten ausbeutender Arbeitgeber oder global agierender Konzerne.

Dabei blenden sie systematisch die gesamtgesellschaftlichen Leistungen freier Märkte oder des Schutzes von Privateigentum aus, die Wirkung freien Wettbewerbs auf kreative Forschung, Erfindungen und Massenwohlstand.

Verglichen werden die Errungenschaften freier Märkte nicht mit der Realität in sozialistischen, kommunistischen oder islamischen Ländern. Man fragt nicht, wie es in nicht-kapitalistischen Ländern um technischen oder medizinischen Fortschritt, um Massenwohlstand oder individuelle Freiheit bestellt ist. Welches System für das Leben der Mehrheit besser ist, scheint irrelevant. Stattdessen wird die Realität der westlichen Gesellschaft mit einer von Unrecht

Kill
before
FOR DEAD
JULI 2018
REFUGEES
WELCOME

PiTaliSM
kills you

und Armut vollends gereinigten Gesellschaft verglichen, die es nirgendwo auf der Welt je gegeben hat.

Das Gleiche gilt auch beim Thema Rassismus oder Sexismus: Man kämpft gegen Rassisten oder Sexisten und blendet aus, dass es im Westen – weltweit gesehen – mit Abstand am wenigsten Rassismus und Sexismus gibt. Natürlich werden beide auch im Westen noch immer zu Recht bekämpft, doch nur wenn man an der Utopie einer komplett rassismusfreien, sexismusfreien Wundergesellschaft festhält, kommt man auf die Idee, diesbezüglich *besonders* den Westen anklagen zu müssen.

## Feindbild Industrialisierung

Nicht anders sieht es aus bei den Debatten und massenmedialen Narrativen rund um das Thema Klima und Umweltschutz. Auch hier werden die westlichen Umwelt-Standards nicht mit den Standards in China, Indien oder Russland verglichen. Sondern man fragt: Wie lange dauert es, bis Europa und die USA endlich emissionsfrei sind?

Dabei dominiert eine sogenannte «nonhuman perspective». Das bedeutet: Man beurteilt die Auswirkungen der Menschheit auf das Ökosystem nach dem utopischen Ideal einer Welt, auf der es keine Menschen und keine von ihnen erschaffenen Maschinen gibt.

Man fragt nicht: Wie viel dringend benötigtes Einkommen für Familien hat der Mensch durch seine Erfindungen generiert? Wie viel Gesundheit und Schutz gegen Kälte und Naturgewalten? Wie viele Millionen von Leben werden gerettet, wie viel Grundversorgung und Sicherheit wird geleistet durch die Energiewirtschaft seit Beginn der Industrialisierung? Wie groß ist der medizinische Fortschritt seit Beginn der Chemieindustrie?

Solche Fragen interessieren nicht, sondern man überlegt: Wie wäre es, wenn alle diese Techniken und Umweltbelastungen nicht wären? Ginge es dem Wald, dem Meer und allen Tieren nicht besser? Und letztlich: Können wir nicht so leben, als wären wir gar nicht da, damit der Planet seine Ruhe hat? Die Utopie eines unberührten Paradieses für Tier und Umwelt, ohne die Zumutungen realmenschlicher Zivilisation.

## Journalisten als Aktivisten

In der Regel sind Medienschaffende dazu angehalten, Journalismus zu betreiben. Das heißt: Sie sollen über Ereignisse der Welt möglichst sachlich berichten und sich dabei, gemäß einer bekannten journalistischen Devise, «mit keiner Sache gemein machen, auch nicht mit einer guten».

Dieser Devise folgen heute immer weniger Medienschaffende. Sie wollen nicht länger berichten oder kommentieren, sie wollen etwas verändern. Sie wollen die Gesellschaft gestalten, statt sie nur zu beschreiben. So werden diese Medienschaffenden zu politischen Aktivisten. Was sie betreiben, nennen sie Haltungsjournalismus oder «transformativen Journalismus». Manche Kaderleute aus bekannten Medienhäusern sprechen öffentlich davon, «den Kulturwandel mitgestalten» zu wollen. Das klingt schön und irgendwie nobel. Doch eigentlich geht es hier einfach um Aktivismus für eine bestimmte politische Agenda – mit journalistischen Mitteln.

Das ist durchaus legitim! Auch Medienschaffende dürfen eine politische Agenda haben, politische Vorlieben und Abneigungen, und auch sie dürfen die Gesellschaft verändern wollen, statt sie nur zu beschreiben. Doch muss das gegenüber den Medienkonsumenten *jederzeit klar und deutlich deklariert* werden. Es muss immer transparent sein, welche Weltanschauung, welches politische Programm die Redaktion oder das entsprechende Medium verfolgt – so, wie früher bei der «Parteienpresse» klar war, welches Medium welche Parteilinie verfolgt, und die Menschen wussten, was sie erwartete, sodass jeder Konsument selber entscheiden konnte, ob er ein Medium weiter konsumierte oder lieber ein anderes wählte, das ihm eher entsprach.

Weltanschauliche Transparenz und die Offenlegung politischer Präferenzen der Medienschaffenden: Genau das gibt es jedoch bei den journalistischen Kulturkämpfern 2.0 kaum, denn man gibt sich bei allem Aktivismus offensichtlich den Anschein, ausgewogen und objektiv zu berichten. Oder man hält die eigene politische Agenda für so allgemeingültig fortschrittlich, dass eigentlich alle Menschen sie teilen müssten – und dass es also auch nicht mehr nötig wäre, sich selber in Frage zu stellen, da es gar keine vernünftige Gegenrede mehr geben könnte.

Natürlich *gibt* es seriöse Medienhäuser und Redaktionen, die das nicht so sehen, die sachlich arbeiten und nach wie vor einen Meinungspluralismus zulassen, einen echten Wettbewerb der Narrative und Argumente. Das ändert aber nichts an der Tatsache, dass die meisten Mainstreammedien mehr und mehr zum politischen Aktivismus neigen und einen «Kulturwandel» herbeiführen wollen – ein netteres Wort für Kulturkampf. Das spüren immer mehr Menschen. Sie spüren, dass es nicht mehr darum geht, sie zu informieren, sondern darum, sie politisch zu manipulieren und moralisch zu erziehen. Deswegen wächst das Misstrauen gegen die Medien.

Verschärft wird das Problem durch Digitalisierung und Globalisierung. Die digitale Revolution hat das Medienschaffen in einem nie gekannten Ausmaß beschleunigt. Der digitale Raum, der nie schläft, sorgt für mehr Arbeit und immer schnellere Abläufe in der Redaktion, rund um die Uhr. Das verschlechtert die Qualität, frisst die Zeit für Recherche und Nachdenken und macht die Branche oberflächlicher. Die Medien werden sozusagen in einen Dauerschub versetzt und zunehmend «geglättet». Die Konzentration auf wenige Medienkonzerne scheint dabei zusätzlich einen Einheitsstrom der Meinungen zu begünstigen, der sich international gegenseitig bestätigt und echohaft verstärkt.

Da sich deutsche Journalisten gemäß Umfragen zudem persönlich eher mit dem linksgrünen Spektrum identifizieren, ist der mediale Mainstream dann auch entsprechend gefärbt. Ändern würde sich das erst, wenn es mehr liberal-bürgerliche oder konservative Medienschaffende gäbe, die in diesem Beruf arbeiten und Teil des Systems werden. Und Verleger, die solche Medienschaffende und Sichtweisen im politischen Alltagsgeschäft fördern und dann auch finanziell tragen.

# 3. FREIHEIT UND IDENTITÄTSPOLITIK

Ein Blick zurück in die Geschichte des Westens kann heilsam sein, wenn es darum geht, das Verhältnis unserer Kultur zur Freiheit zu reflektieren. Bei einem solchen Blick in den Rückspiegel, der hier natürlich nur angedeutet werden kann, zeigt sich relativ schnell: Die persönliche und politische Freiheit hatte auch in unserer Kultur lange einen schweren Stand. Sie galt stets als Ausnahme, nicht als Regel. Und jene Menschen, welche die Freiheit auch dann verteidigt haben, wenn es gegen ihre eigenen Interessen oder Überzeugungen ging, waren in der Geschichte des Westens ebenfalls stets die Ausnahme, nicht die Regel.

## Freiheit ist kein Instinkt

Für diese Tatsache mag es viele kulturelle und historische Gründe geben. Ein anthropologischer Grund könnte so zusammengefasst werden: Freiheit ist kein Instinkt. Freiheit ist ein Wert, eine innere Haltung, das Ergebnis erfolgreicher Selbsterziehung. Eine Kultur der Mündigen und Eigenständigen setzt Arbeit und Disziplin voraus – einen beharrlichen Willen zur Förderung der persönlichen Mündigkeit.

Das entspricht nicht dem menschlichen Instinkt. Anthropologisch gesprochen sucht der Mensch nicht die Risiken der Freiheit auf der Wildbahn, wenn er nicht muss. Stattdessen sucht der Mensch Nestwärme, das Sicherheitsgefühl in der Herde. Der Mensch will behütet sein. Er will, dass jemand sich um ihn kümmert. Das erklärt die anhaltende Anziehungskraft sozialistischer Modelle mit dem Versprechen, dass der Staat sich kümmert. Dass der Staat die Gefahren von Freiheit und menschlicher Willkür zu bannen vermag, kraft einer höheren Autorität.

Das ist der Grund, warum es in den USA eine Freiheitsstatue gibt, aber keine Statue für Herdentrieb. Niemand baut Statuen oder schreibt Grundsätze in die Verfassung für Dinge, die sowieso schon dem Instinkt entsprechen. Man baut Statuen und verfasst Grundsätze für Ideale und Vorbilder, die uns über den natürlichen Instinkt erheben, die uns im Sinn der Aufklärung motivieren, herauszutreten aus der selbstverschuldeten Unmündigkeit.

Nestwärme und Herdentrieb kommen aus der Angst des Menschen vor den Risiken des Lebens. Diese Angst macht sich der Sozialismus zunutze. Der Sozialismus in allen seinen Formen und ideologischen Ausprägungen – wie auch immer er heute auftreten mag – setzt am Ende immer auf Bevormundung, Zwang und Konformismus. In Anlehnung an die Religionskritik von Karl Marx könnte man sagen: Sozialismus ist das Opium der Ungläubigen. Genauer: das Opium der Ungläubigen in Bezug auf die Freiheit des Einzelnen.

## Steigender Selbstbesitz

Im Gegensatz dazu ist die persönliche Unabhängigkeit eine Frucht der Bereitschaft, sich selbst in die Pflicht zu nehmen. Eine Frucht der persönlichen Reife. Der katholische Philosoph und Kirchenlehrer Thomas von Aquin (1225–1274) formuliert es so: Freiheit ist ein «steigender Selbstbesitz». Frei werden bedeutet, sich selbst besitzen zu lernen. Um eines Tages so handeln zu können, wie man es wirklich will. Wie man es selbst verantwortungsvoll und vernünftig findet, statt nur den eigenen Antrieben zwischen Angst und Lust zu folgen. Dabei besitzt der Mensch sich natürlich niemals ganz, denn das ist nach Thomas von Aquin nur Gott vorbehalten. Der Mensch bleibt immer bedingt durch seine Natur, seine Umwelt, seine Kultur. Gott ist das einzige Wesen, das sich selbst ganz besitzt. Der Mensch dagegen muss ein Leben lang an der Steigerung seines Selbstbesitzes arbeiten.

In der Auseinandersetzung mit dem heutigen Zeitgeist geht es also um zwei Menschenbilder: Auf der einen Seite steht der Mensch des steigenden Selbstbesitzes, der frei werden kann, um eine Kultur der Selbstverantwortung mitzutragen – auf der anderen Seite der Staatsmensch, der umsorgt sein will, der es vorzieht, sich von Gesetzen und Verboten führen zu lassen. Die freiheitsfreundliche Kultur basiert auf dem Glauben an die unübertroffenen Vorteile der Freiheit, mitsamt allen Risiken des Missbrauchs. Es geht um die Überzeugung, dass der Mensch des steigenden Selbstbesitzes mehr für die Gesellschaft leistet als der Staatsmensch kollektivistischer Prägung.

Der Ökonom und Sozialphilosoph Friedrich von Hayek hat es in seinem Buch «Die Verfassung der Freiheit» so formuliert: «Dass Freiheit missbraucht wird, ist kein Argument gegen sie. Unser Vertrauen auf die Freiheit beruht nicht auf den voraussehbaren Ereignissen in bestimmten Umständen, sondern auf dem Glauben, dass sie im Ganzen mehr Kräfte zum Guten als zum Schlechten auslösen wird.»

## Sozialismus und Identität

Die Kulturkämpfer 2.0 propagieren einen neuen Sozialismus, und zwar in Kombination mit der «Identitätspolitik». Der Begriff «Identitätspolitik» geistert schon länger in den Medien und in den politischen Foren herum. Doch was ist damit gemeint? Wie könnte man «Identitätspolitik» definieren? Das ist wichtig, denn diesen Sozialismus sollte man wirklich nicht verwechseln mit dem Sozialismus des letzten Jahrhunderts.

Der Sozialismus damals stand – jedenfalls in der Theorie – ganz im Zeichen der Arbeiterklasse. Es ging um den Kampf gegen Ausbeutung und Unterdrückung durch das Kapital.

Der neue Sozialismus dagegen interessiert sich nicht mehr für diesen Kampf und auch nicht mehr für die Arbeiterklasse. Dafür interessiert er sich für Hautfarbe, Rasse, Geschlecht und Sprachhygiene.

Identitätspolitik, das ist eine neue Form von Klassenkampf. Ein Klassenkampf nicht zwischen Arbeit und Kapital, sondern zwischen Identitäten, zwischen äußerlichen Merkmalen und Lebensentwürfen. Identitätspolitik bedeutet die Spaltung der Gesellschaft. Sie bedeutet, dass die einen Grundrechte und Rechte gegen die anderen Grundrechte und Rechte in Stellung gebracht werden. Sie bedeutet Aufteilung und

Bewertung von Menschen nach Hautfarbe und Rasse. Nach Geschlecht. Nach sexueller Orientierung. Weiße sind out. Schwarze, Latinos, Asiaten sind in. Männer sind out. Frauen sind in. Heterosexuelle sind out. Alle anderen sind in.

## Revolution statt Inklusion

In letzter Konsequenz bedeutet diese Politik das Ende des Rechtsstaates, denn dieser lebt von universellen Prinzipien und muss alle Bürger gleich behandeln. Er darf nicht zulassen, dass es zur Beurteilung einer Person wesentlich ist, ob diese weiß, männlich und hetero ist oder schwarz, weiblich und lesbisch.

Bei der Identitätspolitik geht es also nicht darum, die Gesellschaft besser, offener, gerechter zu machen. Es geht nicht um Inklusion. Es geht darum, die westliche Zivilisation, wie wir sie kennen, zu überwinden. Philosophie, Rechtsprechung oder wissenschaftliche Rationalität sollen ersetzt werden durch Ideologie und gefühlte Realitäten. Und auch die christliche Religion muss verschwinden, mitsamt den jüdischen Wurzeln, denn diese stehen für eine veraltete Vorstellung des Menschen.

Eines der Hauptinstrumente zur Verdrängung des Christentums und des christlichen Menschenbildes aus dem kulturellen und massenmedialen Gedächtnis ist seit einigen Jahrzehnten zweifellos die Genderbewegung, das «Gender Mainstreaming».

## Neues Menschenbild

Hinter dem Genderstern, über den immer wieder diskutiert wird, steckt nämlich ein revolutionäres Programm. Zur Vermeidung jeglicher Überlegenheit des einen oder anderen Geschlechts, der einen oder anderen sexuellen Ausrichtung hat man sich zum Ziel gesetzt, die Unterschiede zwischen Mann und Frau zu leugnen und sie als bloße Auswirkungen einer historisch-kulturellen Gegebenheit zu betrachten. Bei dieser Einebnung wird die leibliche Verschiedenheit, «Geschlecht» genannt, auf ein Minimum reduziert, während die kulturelle Dimension, «Gender» genannt, in höchstem Maß herausgestrichen und für vorrangig gehalten wird.

Auch hier geht es um ein neues Menschenbild, welches in Opposition zum jüdisch-christlichen Menschenbild steht, das den Westen über Jahrtausende geprägt hat. Gemäß Judentum und Christentum wurde der Mensch als Mann oder Frau geschaffen. Die Theologie beschreibt Mann und Frau mit einem materiellen Leib (irdischen Ursprungs) und einem transzendenten Geist (göttlichen Ursprungs). Nach dieser Lesart verfügt der Mensch zwar über eine materiell-körperliche und eine geistig-seelische Dimension, doch der Geist erhebt den Menschen nicht über die Natur. Der weibliche oder männliche Leib ist kein Anzug, den man wechseln kann, sondern er ist eine materielle Realität, die für die Identität des Menschen konstitutiv ist.

Diese Anthropologie soll heute überwunden werden. Bekanntlich sagte schon Simone de Beauvoir: «Man kommt nicht als Frau zur Welt, man wird es.» Das Frausein als Konvention, als Rollenzwang. Die Genderbewegung wendet diesen Gedanken generell auf die Identität des Menschen an. Diese ist nicht mehr naturgegeben. Stattdessen gilt es zu erkennen: Rollenzwänge sperren uns in weibliche und männliche Korsette, aber in Wahrheit sind die Identitäten fließend.

## Gegen die Naturwissenschaft

Auch wenn vieles, was Frauen und Männer tun, tatsächlich kulturell bedingt ist, bedeutet das nicht, dass die Genderbewegung richtig liegt, wenn sie den Menschen von den Vorgaben seines Leibes ablösen will. Und es ist kein Zufall, dass die Genderbewegung mit den Erkenntnissen der Naturwissenschaften wenig anfangen kann.

Die Forschung, etwa auf dem Feld der Evolutionsbiologie oder der Neurologie, hat Elementares über Mann und Frau zu sagen, spätestens seit Darwins These der sexuellen Auslese (Selektion): Weibliche Tiere verfügen über wenige große Eizellen, männliche Tiere über viele, aber kleine Spermien. Folglich müssen «billige» Spermien um «kostbare» Eizellen werben. Männchen investieren in die Balz und konkurrieren untereinander, Weibchen investieren in die Brutpflege – Verhaltensmuster, die auch beim Menschen in nahezu allen Kulturen zu beobachten sind. Und auch die Neurologie kann anhand der grundsätzlichen Verschiedenheit des weiblichen und männlichen Hirns Unterschiede im Verhalten der Geschlechter erklären. Natürlich gibt es Ausnahmen und Abweichungen, doch diese widerlegen nicht die wesentliche Bedeutung von Biologie oder Neurologie für das Verhalten von Mann und Frau.

Naturwissenschaftlich gesehen handelt es sich bei der Dualität der Geschlechter also um Naturvorgaben. Vorgaben, die sich auch mit elaborierten Gender-Sprachspielen nicht wegzaubern lassen. In diesem Zusammenhang fällt auf, dass die Gendersprache sprachmagische Tendenzen aufweist. Normalerweise formt die Welt, die wir vorfinden, unsere Sprache: Wir sehen Bäume oder Vögel und

Gender*

suchen dies sprachlich abzubilden. Das ermöglicht Kommunikation, die Beschreibung von Daseinserfahrungen. Die Natur gibt vor, was ist, die Sprache nimmt es auf – nicht umgekehrt. Die Sprache ist kein Zauberstab, mit dem wir etwas in die Welt hineinbefehlen können, das vorher nicht da war. Doch genau so arbeitet die Gendersprache: Sie bezeichnet etwa 70 Geschlechter und beschreibt eine theoretisch unbegrenzte Anzahl gefühlter Identitäten, die in der Welt nicht vorkommen, wie Bäume oder Vögel es tun – Geschlechter und Identitäten, die es nur im Gender-Sprachspiel gibt.

## Die neue Gnosis

Diese Abkoppelung von der materiellen Welt ist typisch für die Genderbewegung. Geistesgeschichtlich reiht sie sich damit in die Tradition der Gnostiker ein (2. Jahrhundert). Die Gnostiker waren der Überzeugung, dass die niedrige, materielle Welt überwunden werden müsse, dass der Körper des Menschen ein Gefängnis sei. Ziel war der Sieg des freien Geistes über die Materie.

Gender ist eine zeitgenössische Spielart dieser Anschauung. Ziel: der Sieg der frei gewählten geschlechtlichen Identität über das biologische

Geschlecht, der Sieg des gefühlten, gewünschten Selbst über die Vorgaben einer männlichen oder weiblichen Natur.

Im Laufe der Jahrhunderte gab es diverse gnostische Strömungen. Ein verbindendes Element blieb die Absage an die Natur, die den Menschen definiert, die ihm Grenzen setzt und ihn zum Geschöpf macht. Der Gnostiker will kein Geschöpf sein, sondern Schöpfer. Er will Gott sein und sich selber erschaffen. In der heutigen Gender-Variante will er zumindest Gott über seine geschlechtliche Identität sein.

## Rom, Athen, Jerusalem

Der Westen steht auf dem Boden von Rom, Athen und Jerusalem. Nebst der Religion lebt er aus den Quellen des römischen Rechts und der antiken griechischen Philosophie. Dazu gehört die Bejahung von Welt und Natur als Grundlage von Erkenntnis, Forschung, Fortschritt. Zur westlichen Freiheitskultur gehört auch der Glaube an die Gottesebenbildlichkeit des Menschen, geschaffen als Mann und Frau. Ohne die Gottesebenbildlichkeit von Mann und Frau wäre die Idee von der unveräußerlichen Würde jeder Person – ungeachtet ihrer sozialen Stellung –, die

Grundlage für die Menschenrechte, nicht denkbar und kulturell wirksam geworden.

Dies ist nicht auf gnostischem Boden gewachsen. Menschenrechte sind Errungenschaften, die sich keinen Selbstvergottungs-Träumen verdanken, keinen Sprachmagiern und keiner tribalistischen Identitätspolitik. Sie verdanken sich einer Theologie, die offen geblieben ist für Vernunft und Wissenschaft, und einer Vernunft, die offen geblieben ist für Judentum und Christentum.

## Errungenschaften der Aufklärung

Der Vormarsch der Gendersprache in westlichen Bildungseinrichtungen, in Kultur, Politik und in behördlichen Dokumenten zeigt, dass die Errungenschaften der Aufklärung in Gefahr sind. Sie drohen abgelöst zu werden von Irrationalismus und Ideologie. Von einer Bewegung, die einen irrealen Menschen predigt, der sich von Grund auf selbst erschaffen kann.

Angesichts dieser Bewegung müsste mehr Bildungsarbeit geleistet werden und im öffentlichen Raum bedeutend mehr Widerstand spürbar werden. Dem Irrationalismus der Genderologen müssen die Grundlagen der Aufklärung entgegengehalten werden, zum Beispiel mit Immanuel Kant: «Alles, was die Natur selbst anordnet, ist zu irgendeiner Absicht gut. Die ganze Natur überhaupt ist eigentlich nichts anderes als ein Zusammenhang von Erscheinungen nach Regeln.»

Keine Frage: Eine liberale Gesellschaft muss sich für Inklusion und gegen Diskriminierung von Minderheiten engagieren. Doch die Genderbewegung ist für dieses Anliegen nicht geeignet. Und ein Westen, der nicht mehr zwischen Mann und Frau unterscheiden kann, zwischen Natur und Kultur, wird bald auch nicht mehr unterscheiden können zwischen Wissen und Aberglauben, Sinn und Unsinn.

# 4. MACHT UND MORAL

Eine medienwirksame Identitätspolitik ist nur möglich auf der Grundlage einer bereits vorhandenen Moralisierung der Politik. Seit einigen Jahren schon ist es üblich, Debatten und politische Programme derart mit moralischen Geltungsansprüchen aufzuladen, dass Andersdenkende, die nicht einverstanden sind, sich moralisch oder charakterlich eigentlich nur noch disqualifizieren können. Diesen Andersdenkenden begegnet man nicht mehr auf Augenhöhe, um zu signalisieren, dass es *legitim* ist, andere Ansichten und Moralvorstellungen zu äußern, sondern man unterstellt ihnen eine schlechte Gesinnung.

Ein Vorgehen, das von der Anstrengung entbindet, sich inhaltlich mit Kritik auseinanderzusetzen. Der sachliche und respektvolle Austausch von Ideen und

Interpretationen weicht einer Selbstdarstellung von Sittenlehrern und Volkspädagogen – wer die richtige Moral auf seiner Seite hat und sich als guter Mensch präsentiert, darf auf Andersdenkende herabschauen.

Neu ist das nicht. Zwischen Macht und Moral gab es schon immer Liebschaften, was in manchen Fällen zu totalitären Regimes führte. Vor der Aufklärung und den moderneren Staatsformen waren solche Liebschaften geradezu Ausdruck des Totalitären.

## Moralische Konformität

Im 1942 erschienenen Klassiker «L'Étranger» (Der Fremde) von Albert Camus wird der Fremde, eine literarische Figur von verstörender Ehrlichkeit, am Ende des Romans hingerichtet: letztlich nicht deshalb, weil er im Laufe der Geschichte an einem Strand auf einen Araber schießt, sondern deshalb, weil er an der Beerdigung seiner Mutter nicht weint und sich auch sonst weigert, mehrheitsfähige Gefühle und Ansichten an den Tag zu legen. Der Fremde verstößt gegen die moralische Konformität, die von ihm verlangt wird, und das wird ihm zum Verhängnis.

Auch heute gibt es den Zwang zur moralischen Konformität. Obwohl wir behaupten, eine offene, tolerante und säkularisierte Gesellschaft zu haben, die zwischen

Staat und Kirche trennt, zwischen persönlicher Moral und Rechtsprechung, zwischen Macht und Moral, erleben wir dennoch einen totalitären Moralismus.

Ob in Hollywood, in der Politik, an der Uni oder im Weltsport: Überall setzen sich applausinduzierende gute Menschen fürs Klima, für Gendergerechtigkeit oder antirassistisch-antisexistische Bewegungen ein. Konzerne wie Cola, Apple und Disney hissen Regenbogenfahnen und geben uns das Gefühl, im Grunde Unmenschen zu sein, wenn wir nicht auch mitmachen und innerlich zustimmen.

Das Gefährliche an diesem Moralismus ist nicht primär die Tatsache, dass er nur im Westen groß auftritt, wo es nichts kostet, statt in Ländern wie China oder im Iran, wo Menschenrechte tatsächlich mit Füßen getreten werden. Das Gefährliche ist: Moralisten sind darauf angewiesen, dem Publikum böse Menschen zu präsentieren (Rassisten, Frauenhasser, Klimaleugner), damit sie selbst gut dastehen. Wie schon Alfred Hitchcock wusste: «Je besser der Bösewicht, desto besser der Film.»

## Selbstaufblähung

Die Kehrseite der moralischen Selbstaufblähung im Scheinwerferlicht ist die Degradierung jener, die als

Kontrastfolie herhalten müssen, als abschreckendes Beispiel. Ohne Schatten kein Licht. Das erklärt, warum woke Politiker und Aktivisten ihren Kontrahenten immer wieder rechte, ultrarechte oder reaktionäre Ansichten unterstellen. Es geht darum, dass jemand die Schurkenrolle übernehmen muss.

Diese Methode führt zu einer Stimmung des Misstrauens. Es fördert einen gnadenlosen Umgang miteinander. Das öffentliche Diffamieren und die «Character Assassination» angeblicher «Hater» erscheinen geradezu als Tugend. Es ist eine Stimmung, in der die Guten die Bösen hassen dürfen, und zwar mit gutem Gewissen.

## Sündenbewusstsein

Im Vergleich dazu gilt der Mensch in der jüdisch-christlichen Tradition bekanntlich als erbarmungswürdiges Geschöpf, das sich nicht über andere erheben soll. Jeder Mensch hat das Potenzial zur Größe, aber er bleibt ein Sünder, das heißt, er bleibt immer fehlbar. Wie es eine Weisheit aus dem babylonischen Talmud (6. Jahrhundert) formuliert: «Der Mensch soll sich zur Hälfte für unschuldig halten und zur Hälfte für schuldig.» Um das zu üben und das persönliche Sündenbewusstsein wachzuhalten, wäre ein regelmäßiger Blick in den Spiegel hilfreich, gerade auch bei denen, die auf der richtigen Seite zu stehen glauben. Nicht umsonst heißt es im Neuen Testament: «Wer ohne Sünde ist, werfe den ersten Stein.» Laut Christentum hat der Mensch lebenslang Erbarmen und Verzeihen nötig und wird im Gegenzug dazu angehalten, lebenslang Erbarmen und Verzeihen zu üben. Eine Gesellschaft mit diesem inneren Kompass wäre gewiss menschlicher und toleranter.

## Humor

Neben Erbarmen ist auch Ironie eine bewährte Waffe gegen Selbstgerechtigkeit und Gnadenlosigkeit. Während die Moralisten aller Zeiten die Ausweitung der Humorlosigkeit vorangetrieben haben, sich auf den heiligen Ernst ihrer Mission berufend, bildete das Lachen eine Tür zur Gedankenfreiheit.

Es ist kein Zufall, dass Umberto Eco in «Der Name der Rose» den blinden Bibliothekar Jorge von Burgos zum Mörder werden lässt: Der Mönch bringt Menschen um, die es wagen, das falsche Buch zu lesen. Das falsche Buch, das ist ein Werk übers Lachen, nämlich das (fiktive) «Zweite Buch der Poetik» von Aristoteles. Das erste Buch widmete Aristoteles bekanntlich der Tragödie, das zweite der Komödie.

Jorge von Burgos hasst dieses Buch und vergiftet seine Seiten, damit niemand die Lektüre überlebt. Die Abhandlung preist das Lachen und die Lebensfreude als Tugenden, aber der Mörder ist überzeugt: «Ein Gott, über den gelacht werden darf, ist kein Gott mehr.» Wenn die Menschen zu viel lachen, so die Logik, fürchten sie weder den Teufel noch die Hölle. Dann fangen sie an, die Angstmaschine der herrschenden Moral zu hinterfragen.

## Säkularismus und Wertegemeinschaft

Was bedeutet der grassierende Moralismus überhaupt für unser Selbstverständnis als *säkularisierte* Gesellschaft? Säkularismus meint ja nicht nur die Trennung von Staat und Religion, von Gesetzgebung und persönlicher Weltanschauung. Sondern damit ist auch die Erkenntnis verbunden, dass eine liberale Gesellschaft allen Mitgliedern eine gedanklich-moralische Sphäre der Freiheit garantieren muss. Das geht nicht ohne Trennung von Macht und Moral.

Gleichzeitig reden Politiker gern von «Wertegemeinschaft». Als wolle man uns in bewegten Zeiten mit harmonisierenden Werten und Ansichten beglücken. Der Mitte-Links-Block tut dies gewöhnlich mit einem merkwürdig missionarischen Relativismus, der zwar nichts wissen will von einer zivilisatorischen Überlegenheit des Westens, aber trotzdem danach strebt, möglichst viele in diesen Westen hineinzuerziehen.

Im bürgerlichen Mitte-Block dominiert inzwischen ein geglätteter Pragmatismus zwecks Machterhalt, verkauft als angebliche Vernunft der Mehrheit, während man im rechten Block von der Wiedergeburt einer patriotischen Gesinnungsgemeinschaft träumt – von einer Gemeinschaft, die auch als gedanklicher Grenzzaun gegen fremdländische Identitätsverwirrungen taugt.

Was ist davon zu halten? Was bedeutet der Versuch, politische Programme mit Verweis auf höhere Werte verbindlich ans Gewissen der Bürger zu binden und Alternativen als ethisch minderwertig abzukanzeln?

Der Philosoph Robert Spaemann machte bereits 2001 in seinem Artikel «Europa – Wertegemeinschaft oder Rechtsordnung?» darauf aufmerksam, dass es gefährlich ist, vom Staat als «Wertegemeinschaft zu sprechen, denn die Tendenz besteht, das säkulare Prinzip zu Gunsten einer Diktatur der politischen Überzeugungen zu untergraben. Das Dritte Reich war eine Wertegemeinschaft. Die Werte – Nation, Rasse, Gesundheit – hatten dem Gesetz gegenüber immer den Vorrang. Das Europa von heute sollte sich von diesem gefährlichen Weg fernhalten.»

## Medien als Mind Police

Wie weiter oben bereits beim Thema «transformativer Journalismus» deutlich wurde, tragen auch die großen Medienhäuser in Deutschland oder der Schweiz ihren Teil zur Moralisierung bei. Gewiss ist die Rede von der «Lügenpresse» übertrieben und führt in den giftigen Nebel der Verschwörungstheorien. Trotzdem muss man feststellen, dass nicht wenige Medienschaffende, sei es beim öffentlich-rechtlichen Fernsehen oder in der Presse, zur Publikumserziehung neigen. Statt für Meinungsfreiheit kämpfen sie gegen die «Hetze» und die «Hassrede» des politischen Gegners – Begriffe, die schnell Aufmerksamkeit erregen, auch wenn die Angemessenheit in Frage steht. Statt einen Pluralismus der Anschauungen zuzulassen, schüchtern sie lieber mit der Diskriminierungskeule ein und tragen so zur Mind Police bei – Seite an Seite mit Politikern und ausgewählten Gesinnungsgenossen.

Das Ziel eines solchen Mediensystems ist offenbar nicht mehr die Vermittlung umstrittener Sachverhalte im Wettbewerb der Interpretationen, sondern die moralische Erziehung des Publikums. Da kann es nicht überraschen, wenn die Glaubwürdigkeit der Institutionen leidet.

## Verbündete der Trennung

Die Trennung zwischen Macht und Moral scheint heute immer weniger Verbündete zu haben. Sei es aufgrund eines Staates, der sich als Wertegemeinschaft versteht, oder aufgrund der Bürgertherapeutik einer humanistisch erleuchteten Elite.

Aber vielleicht gehört es auch einfach zum Wesen der Freiheit, dass ihre Verteidigung so anspruchsvoll ist. Denn der Einsatz für diese Freiheit schließt stets die Freiheit derer mit ein, die nicht einverstanden sind, die mich ärgern und abstoßen. Das bedeutet laufende – mitunter große – Toleranzzumutungen. Es bedeutet die tägliche Pflicht zur Selbstdisziplinierung.

## Sisyphos-Arbeit

Natürlich darf man sich in einer Demokratie wünschen, dass die Mehrheit der Menschen, die zum Gesetzesgehorsam verpflichtet sind, die Wertintuitionen teilen, die den Gesetzen zugrunde liegen. Sonst haben jene Gesetze auf Dauer keinen Bestand. Aber diese Intuitionen zu teilen, kann nicht erzwungen oder zur Bürgerpflicht erhoben werden. Denn das wäre ein Verrat an der Freiheit, die es ja gerade zu verteidigen gilt.

Das bringt uns wieder zu Albert Camus. Im «Mythos des Sisyphos» (1942) beschreibt er, wie Sisyphos von den Göttern dazu verdammt wurde, auf dem Rücken eines unbesiegbaren Berges auf ewig einen Stein hochzurollen, nur um ihn immer wieder hinabrollen zu sehen. Camus sieht darin ein Sinnbild der Existenz: den ebenso absurden wie großen Kampf um die Freiheit. Er schlägt vor, dass wir uns Sisyphos als glücklichen Menschen vorstellen, weil er trotz seiner Lage nicht aufgibt und dadurch größer wird als sein Schicksal. Eine bis heute treffende Parabel. Zumindest dann, wenn wir uns vorstellen, dass unser aktuelles Ringen um die Trennung von Macht und Moral sich so anfühlt wie dieser Stein, den wir im Einsatz für die Freiheit immer wieder hochrollen müssen, auf den Berg menschlicher Schwächen und Bedrohungen.

# 5. GEGEN DAS CHRISTENTUM

Heutzutage wenden sich die meisten «progressiven» Bewegungen und Bürgerliche-Mitte-Parteien direkt oder indirekt gegen das Christentum. Direkt oder indirekt lehnen sie das christliche Menschenbild ab – insbesondere die daraus resultierenden moralischen Normen. Sie finden das Christentum als Religion entbehrlich und gehen nicht davon aus, dass Freiheit, Menschenrechte oder Rechtsstaatlichkeit sich dem christlichen Glauben verdanken, oder zumindest, dass sie diesen Glauben heutzutage noch nötig haben.

Für Christen wird es schwerer, öffentlich zu ihrem Glauben zu stehen, ohne die Karriere oder das soziale Ansehen zu gefährden.

Woher kommt die Überzeugung, das Christentum sei etwas Überholtes, Patriarchal-Repressives und Diskriminierendes? Woher kommt die Auffassung, dass das Verschwinden des Christentums für eine gute, moderne Gesellschaft nicht nur unproblematisch, sondern sogar notwendig ist? Dass es für Rechtsstaatlichkeit oder Nächstenliebe überhaupt keine Religion braucht? Woher kommt der technizistisch-ökonomische Fortschrittsglaube, der für die Postmoderne kennzeichnend ist und der meint, Gott nicht mehr nötig zu haben?

## Menschenrechte gegen das Christentum

Viele Menschen scheinen heute davon überzeugt, dass die Menschenrechte nicht *dank* des Christentums entstanden wären, sondern *gegen* das Christentum. Genauer gesagt: Sie glauben, dass sich Menschenrechte und freie Gesellschaften irgendwie infolge einer allgemeinen Evolution der menschlichen Vernunft entwickelt hätten. Einer Evolution, die nach der Überwindung der Religion quasi von Natur aus zu einer besseren Welt geführt hätte. Ein bisschen so, wie sich das Wetter rein natürlichen Prozessen verdankt, ohne das Zutun eines Wettergottes.

Nach dieser Logik haben uns die französische und deutsche Aufklärung sozusagen gutes, aufgeklärtes Wetter gebracht. Eine Art ausgedehntes humanistisches Hochdruckgebiet, ausgelöst von den «Idealen der Aufklärung»: Freiheit, Gerechtigkeit, Solidarität.

Wobei die Frage, woher diese Ideale eigentlich genau kommen, in der Regel einfach mit der Aufklärung selbst beantwortet wird. Ähnlich wie beim Urknall, der sich ja bekanntlich auch selbst hervorgebracht hat.

Oder man denkt sich, gefragt nach den Wurzeln der Aufklärung, ungefähr Folgendes: «Der Mensch ist eben von Natur aus gut. Wenn man es zulässt, dass er seine Vernunft und seine Moral frei gebraucht, dann wird die Gesellschaft gut – ganz ohne Religion.»

Der freie Mensch und seine Vernunft – von Natur aus gut: Daran lässt sich wohl nur dann ernsthaft glauben, wenn man noch jung ist. Oder wenn man sich beim Blick in den Spiegel grundsätzlich schmeichelhaft begegnet, unter Ausblendung der eigenen Abgründe. Und vor allem: wenn man das 20. Jahrhundert ausblendet, das bekanntlich auf die französische und deutsche Aufklärung folgte. Das 20. Jahrhundert hat uns nicht das Licht von Vernunft und Fortschritt gebracht, sondern Kommunismus und Nationalsozialismus. Resultat: rund 150 Millionen Tote. Nach dieser Erschütterung der Zivilisation muss man schon viel Wunschdenken aufbringen, um von der guten Natur des Menschen zu sprechen.

## Ohne Christentum keine Menschenrechte

Historisch ist es eine Tatsache, dass sich die Ideale der Aufklärung nicht aus sich selbst entwickelt haben, sondern aus Judentum und Christentum. Die Menschenrechte wurzeln – wie bereits zu Beginn meiner Ausführungen erwähnt – in der biblischen Gottesebenbildlichkeit des Menschen.

Dass jeder Mensch die gleiche Würde hat, König wie Bettler, Bürger wie Sklave, Frau wie Mann, Erwachsener wie Baby im Mutterbauch – diese Überzeugung hat es vor dem Auftauchen des Judentums in der Menschheitsgeschichte nicht gegeben. Und sie wäre undenkbar geblieben ohne die Offenbarung des biblischen Gottes. Sie war undenkbar im alten Orient. Sie war undenkbar in der griechischen wie in der römischen Antike. Und sie bleibt bis heute chancenlos in der gesamten chinesischen Geschichte, so wie in der gesamten islamischen Welt. Bis zum heutigen Tag werden die Menschenrechte nur in jenen Gebieten der Erde anerkannt und vom Staat ernst genommen, wo Judentum oder Christentum eine wesentliche Rolle gespielt haben. Nicht in China, nicht in Nordkorea, nicht in muslimisch geprägten Staaten.

Trotzdem wagen heute kaum noch Politiker, Universitäten oder Medien, das Christentum hochzuhalten.

Der Grund dafür könnte damit zusammenhängen, dass sich die Menschen von einer postchristlichen Gesellschaft mehr Freiheit, Lebensfülle und Toleranz versprechen. Und zwar, weil ihnen nicht bewusst ist, dass ihre Wünsche Früchte eben des Baumes sind, den sie umhauen wollen. Genauer gesagt: weil sie noch nicht wissen *können*, was das eines Tages wirklich bedeuten wird: ein Leben ohne Christus, eine Gesellschaft ohne Offenheit für die Liebe Gottes.

Es lohnt sich, auf diesen Gedanken tiefer einzugehen. Ich tue das mit einem Gleichnis, das ich hier frei erfinde – in der Hoffnung, dass es uns weiterhilft.

## Gleichnis von der christlichen Zentralheizung

Stellen wir uns ein prächtiges, mehrstöckiges Haus mit großen Fenstern vor. Es ist ein Haus, in dem die Freiheit wohnt. Ein Haus, das gebaut wurde auf dem Fundament des Glaubens an die Gottesebenbildlichkeit und Nächstenliebe. Ein Haus, das etwa 2000 Jahre alt ist. Es ist das Haus des Westens, wunderbar und weiträumig. Können Sie es sehen? Können Sie sich dieses Haus vorstellen?

Seit der Geburt von Jesus Christus ist dieses Haus immer größer geworden. Es bietet Raum nicht nur

für viele Leistungsfähige und Gesunde, sondern auch für viele kleine Kinder, für viele Alte, Kranke und Schwache. Denn die Zehn Gebote gehören fest zur Hausordnung – auch wenn manche sich nicht an diese Regeln halten.

Darüber hinaus hat Jesus eine gute Zentralheizung eingebaut: die Zentralheizung der christlichen Zivilisation. Diese wärmt die einzelnen Stockwerke des Hauses und schützt gegen die harten Winter draußen.

Nun aber, eines Tages, geschieht etwas. Genauer gesagt, ist es bereits geschehen, vor etwa 200 Jahren: Da sind einige Bewohner des Hauses (Philosophen, Politiker, Mathematiker, Ingenieure) zu der Überzeugung gelangt, dass sie einiges an der Hausordnung nicht mögen, ja, dass man als kritischer, freier Mensch einige der religiös begründeten Regeln ablehnen muss.

Selbst die Zentralheizung wurde abgelehnt.

Nicht deshalb, weil man gern eine neue Heizung gehabt hätte, eine andere Zivilisation mit neuer Temperatur, sondern weil die kritischen Bewohner die Vorstellung *grundsätzlich* nicht mochten, bei der Planung und beim Bau des Hauses nicht dabei gewesen zu sein. Schließlich hatte man sie ja nie gefragt, ob sie ein solches Haus überhaupt wollten, ob sie eine solche religiös fundierte Zentralheizung mit religiösen

Werten nötig haben wollten. Ob sie nicht lieber etwas Unabhängigeres, Fortschrittlicheres wollten.

Kurz: Sie waren sehr unzufrieden darüber, dass sie so wenig zu sagen hatten.

Deswegen schalteten sie die Zentralheizung ab und stellten die Hausordnung auf den Kopf. Zur Rechtfertigung ihrer Handlungen schrieben sie kluge Bücher und bauten Bildungseinrichtungen auf, in denen bis heute gelehrt wird, dass sie – als kritische, denkende Mitbewohner – sehr klug, aufklärerisch und mutig handelten.

Dies begann, wie gesagt, vor etwa 200 Jahren. Seither läuft die Zentralheizung, die sich unten im Keller befindet, nicht mehr. Die Mehrheit der Bewohner hat sich inzwischen daran gewöhnt und findet das auch ganz in Ordnung. Und zwar deshalb, weil sie im Vergleich zu früher keinen wesentlichen Temperaturunterschied wahrnehmen. Sie leben in den modernen Wohnräumen des 21. Jahrhunderts. Das heißt: in den Zimmern des 21. Stockwerks. Und dort, im 21. Stockwerk, spürt man den Ausfall der Zentralheizung noch gar nicht. Es gibt genügend zivilisatorische Restwärme.

Bekanntlich steigt Wärme nach oben. So denken die meisten Bewohner, dass ihr Zimmer keine christliche Zentralheizung braucht. Sie glauben, das

Christentum nicht nötig zu haben. Und wie sollen sie auch auf die Idee kommen, dass ihnen etwas fehlt? Wie kann man jemandem klar machen, dass er bald frieren wird, wenn ihm noch warm ist?

## Situation des Christentums

Das Gleichnis fasst die Situation des Christentums im gegenwärtigen Westeuropa gut zusammen: Wir haben eine Gesellschaft, die nicht realisiert, dass eine postchristliche Zeit angebrochen ist, in der das Zusammenleben bald spürbar kälter sein wird. Eine Zeit, in der sich die Restwärme nach und nach verflüchtigen wird. Eine Zeit, die uns bald zeigen wird, was das heißt: eine Gesellschaft ohne die Offenheit für das Licht Gottes.

Im lesenswerten Buch «Das Ende der Neuzeit» sagt der katholische Theologe Romano Guardini, dass uns eine dunkle Zeit erwartet, eine Zeit, in der die Halbheiten und Lauwarmigkeiten verschwinden werden, die diffusen, unverbindlichen Wertedebatten, die heute noch Mode sind – die jedoch keine Kraft haben werden gegen die um sich greifende gesellschaftliche Abkühlung. Keine Kraft gegen das seelische Lichterlöschen, das sich bereits jetzt an vielen Orten der Gesellschaft ankündigt.

Dazu muss man nicht einmal von den jährlich über 70 Millionen Abtreibungen sprechen, die weltweit durchgeführt werden. Oder davon, dass in vielen westlichen Staaten Froschlaiche bereits mehr rechtlichen Schutz genießen als menschliche Embryonen. Es genügt, sich die tägliche, normal gewordene Härte im öffentlichen Umgangston miteinander vor Augen zu halten. Die normal gewordenen, banal wie zur Nahrungsaufnahme servierten Nuditäten, Extremitäten und Seelen-Brutalitäten der Popkultur. Die Ökonomisierung aller Lebensbereiche durch Globalisierung und Digitalisierung. Eine Totalverwertung des Menschen im Labor, im Mutterbauch, in der Schule, durch die Arbeits- und Freizeitindustrie bis ans Sterbebett mit einem schnellen Tod durch die chemische Mitleidstötung.

## Entgrenzung

Der deutsch-koreanische Philosoph Byung-Chul Han, ein in Berlin lebender Kulturwissenschaftler, spricht von einer «Gnadenlosigkeit des positiven Denkens». Im digitalen Zeitalter, sagt Han, müssen alle permanent an sich arbeiten und positiv denken, um sich immer besser, leistungsfähiger zu machen. Han spricht von einer «Du-schaffst-es-Industrie», die auf allen Kanälen die Propaganda des Neoliberalismus sendet, das Mantra der modernen Leistungsgesellschaft: «Ich beute mich selber aus im Glauben, dass ich mich verwirkliche.»

Wenn es so ist, wenn das die prägenden Megatrends sind, gilt es, wachsamer zu werden. Wachsamer in Bezug auf die techno-ökonomisch getriebenen Veränderungen des Lebens, die eine negative Wirkung auf die Nächstenliebe haben, auf die Beziehungen der Menschen zueinander, zur Natur, zu Gott. Wachsamer aber auch in Bezug auf das Gute und Erstaunliche, das die Postmoderne nach wie vor bietet. Forschung, Medizin, Kreativität, Pioniergeist: Für Millionen von Menschen bedeutet das ein unglaubliches Lebensniveau.

Aber es gibt eben auch Gefahren. Vor allem, wenn die Gesellschaft, wie es derzeit geschieht, immer mehr auf Beschleunigung und Entgrenzung setzt. Dass vormals gültige Grenzen verschwimmen, für überholt erklärt, aufgehoben oder gänzlich zum Verschwinden gebracht werden, sehen wir in mehreren Bereichen:

- Entgrenzung im Digitalen: Internet, Transhumanismus, Arbeitswelt 4.0
- Entgrenzung im Familienleben: Patchwork, Ehe für alle, Leihmutterschaft

- Entgrenzung im Sexuellen: Sex ohne Fortpflanzung, Sex ohne Liebe, Fortpflanzung ohne Sex
- Entgrenzung im Politisch-Kulturellen: Globalisierung, Auflösung Nationalstaat
- Entgrenzung im Religiösen: Patchwork-Religion, universeller Wertekanon «Weltethos»

Man könnte die Liste fortsetzen. Die Entgrenzungen nehmen täglich zu. Alles in allem droht die Unterwerfung unter globalisierte Märkte und Technologien. Gewissermaßen eine *Verinnerlichung* des Kosten-Nutzen-Denkens, der Maschinen- und Marktlogik. In dem Sinne, dass wir uns *selber* definieren über unsere Funktionen, über unseren Output.

## Engführung des Daseins

Christlich gesehen handelt es sich bei dieser Kosten-Nutzen-Logik um eine Engführung des Daseins. Die Existenz wird wesentlich zur Plattform für die Steigerung von Nutzen und Output. Die Lebenszeit besteht wesentlich aus Lebens*konsum*. Existieren bedeutet die Tage konsumieren. Das ist eine Engführung des Daseins, die den Menschen auf Dauer leer und müde machen muss – Stichwort «Erschöpfungsdepression». Gerade in Westeuropa scheint die kulturelle Stimmung in den letzten Jahrzehnten – trotz Massenwohlstand – immer gereizter, pessimistischer, freudloser.

Dazu passt, dass es salonfähig geworden ist, die Menschheit für missraten zu halten. Es ist jedenfalls nicht Mode, im Menschen etwas Höheres, Gottberufenes zu sehen. Gewiss, man achtet und schützt Wälder und Blumen, setzt sich ein für den Erhalt von Bienen und Berggorillas und natürlich für das Klima. Aber nicht für das werdende menschliche Leben. Viele betrachten heute schon den Wunsch, Kinder in die Welt zu setzen, skeptisch, und sei es nur aus Gründen des Klimaschutzes.

# 6. ZEUGNIS GEBEN, GEGENSTIMMEN AUFBAUEN

Ausgangspunkt unserer Überlegungen war die Frage, wie es möglich ist, dass antifreiheitliche und antichristliche Bewegungen es fertigbringen, den öffentlichen Mainstream im Westen zu prägen. Wie es möglich ist, dass antiwestliche Ideologien das westliche Kulturschaffen dominieren und dass Millionen junger Menschen sich gegen die Lebensweise ihrer Eltern und Großeltern aufbringen lassen.

Dazu haben wir festgehalten:

1. Freiheit ist kein Instinkt, sondern der Mensch sucht von Natur aus das Umsorgtsein. Das spielt eher sozialistischen Ideologien in die Karten als liberalen Gesellschaftsmodellen, die fortwährend Arbeit an der eigenen Person verlangen.

2. Es gibt einen neuen Sozialismus, der mit Identitätspolitik operiert und die Gesellschaft in einen Klassenkampf der Hautfarben, Geschlechter und sexuellen Ausrichtungen verstrickt.
3. Obwohl das Christentum in Europa verdunstet, leben wir von der Restwärme christlicher Errungenschaften. Darum denken viele Menschen, dass es kein Problem ist, wenn das Christentum eines Tages ganz verschwindet. «Denn» – um ein bedeutendes Wort zu zitieren – «sie wissen nicht, was sie tun.»

## Aufklärung über die Aufklärung

Wie aber sollen wir auf den skizzierten postchristlichen Gesellschaftstrend reagieren? Als liberale, demokratisch gesinnte Zeitgenossen? Als bürgerlich-konservative Personen oder Unternehmer? Als Christen?

Klar ist: Es braucht mehr *Aufklärung* über den geistigen und politischen Zustand der Gesellschaft. Mehr Aufklärung über die Bedingungen der Möglichkeit von Freiheit und Menschenwürde. Mehr Aufklärung über die Bedeutung des Christentums.

Besonders traurig ist die Tatsache, dass auch junge Menschen, die gegenüber dem linksgrünen Mainstream an sich kritisch wären, das Christentum unwichtig finden. Junge Menschen, die aufgrund ihres Elternhauses mit einer bürgerlichen oder konservativen Gesellschaft kein Problem hätten. Trotzdem denken sie nicht ans Christentum als Ansatzpunkt für Zeitkritik. Und sie verfügen über kein intellektuelles Immunsystem gegen die dominierende Propaganda.

## Zeugnis geben

Auf besondere Weise kann in der heutigen Situation wohl gerade der Christ Zeugnis geben. Er kann versuchen, mit dem eigenen, persönlichen Leben ein Beispiel für gelingendes Leben zu geben. Er kann mit dem eigenen Handeln zeigen: «Ich mache nicht mit im Leistungs- und Optimierungskult der Globalisten und Technizisten. Ich lasse mich nicht auf eine Funktion degradieren, denn Fundament und Sinn des Lebens sind Beziehungen. Der Sinn des Lebens ist die Liebe und nicht das Fitnesscenter der Postmoderne.»

Wenn solche Lebenszeugnisse, und seien sie nur klein, sichtbar würden, wäre schon viel gewonnen.

## Zeitgeist verstehen

Auf der politisch-medialen Ebene wäre es zuerst einmal wichtig, den Zeitgeist zu *verstehen*. Ein gutes

Vorbild – wiederum aus christlicher Sicht – ist hierfür der Apostel Paulus. Auf dem antiken Areopag, dem höchsten Gerichtshof im alten Athen, warf sich Paulus mitten ins Geschehen der damaligen Zeit. Er versuchte, den Standards der griechischen Kultur seiner Zeit auf den Grund zu gehen. Inspiration dafür, sich auch heute – auf dem postmodernen Areopag – mit den Standards der Gegenwartskultur auseinanderzusetzen.

Als überzeugter Christ könnte man zum Beispiel Folgendes sagen: «Globalisierung und Digitalisierung sind die Chance auf Fortschritt, das ist das Großartige der Gegenwartskultur. Aber die gnadenlose Optimierung des Menschen und des Lebens durch Techniken der Effizienz? Das klingt nicht realistisch.

Selbstverwirklichung durch Optimierung? Das ist ein Irrweg, der niemanden glücklich machen wird, weil Glück nur in Beziehungen zu finden ist.

Nationale, kulturelle, sexuelle Entgrenzung? Das bedeutet doch nicht Freiheit, sondern Entfremdung.

Lasst euch nicht täuschen.

Jeder Einzelne von euch ist mehr wert als der globale Jahrmarkt, der euch umgibt. Eure Würde ist größer als der Output, den ihr liefert.

Eure Bestimmung ist nicht das Fitnesscenter der Hightech-Gesellschaft, sind nicht organisierte

Partnerschaftsbörsen und Konsumtempel, sondern das ewige Leben. Es geht um *euren* Tod und *eure* Auferstehung. Um die Frage, ob du deine geliebten Toten wiedersehen wirst: ja oder nein. Für immer zusammen in der Liebe oder für immer getrennt. Darum geht es, das ist die Hoffnung, die wir anbieten.»

Auch wenn man kein Christ ist, sondern einfach eine freiheitsliebende Person, wäre es heute sehr wichtig, sich einzusetzen für einen echten Wettbewerb der Ideen und Daseins-Interpretationen. Wieder für die Freiheit zu kämpfen, die Dinge anders zu sehen als der Mainstream. Die Freiheit ist das elementarste Gut einer offenen Gesellschaft, und es bleibt immer wichtig, sich dafür einzusetzen.

## Schwäche der Liberal-Konservativen

Dass das Engagement für mehr Meinungs- und Medienfreiheit heute so selten Fahrt aufnimmt, hat auch mit einer Schwäche der liberalen und konservativen Kreise zu tun. Seit Jahren überlassen Liberale und Bürgerliche den Linken die öffentliche Deutungshoheit über wichtige politische oder weltanschauliche Fragen.

Der Marsch der Linken durch die Institutionen ist eine Tatsache, die vielen bewusst ist. Trotzdem bleiben die Liberalen und Bürgerlichen schwach, verzettelt und unentschlossen. Wie viele Konservative gibt es schon, die mit ihren Finanzmitteln tatsächlich das Reputationsrisiko eingehen, spürbar und öffentlich *Gegensteuer* zu geben? Wo bleiben die Unterstützer, die liberal-bürgerliche Bildungs- und Mediensysteme möglich machen, liberal-bürgerliche Stimmen für die Politik, für die Uni, für die Redaktionen und Internet-Plattformen, für das Kulturschaffen?

Das wäre dringend nötig. Man gewinnt keinen Kulturkampf, indem man darüber schimpft und zuschaut. Man gewinnt ihn, indem man ihn *aufnimmt* – und indem man besser, substanzieller, überzeugender ist als die andere Seite.

Gewiss, hie und da gibt es liberal-bürgerliche Vorstöße und Projekte, von denen man in den Medien liest. Aber es sind nicht viele, und sie haben kaum Einfluss auf den politisch-kulturellen Mainstream. Die meisten Verbände oder Politiker gehen eher auf Schmusekurs mit dem Zeitgeist und verkünden einen homöopathisch verdünnten gendersensiblen, klimaschonenden Sozialismus. Viele Unternehmer mögen zwar nicht linksgrün sein, aber sie scheuen sich, Projekte und Personen finanziell und strukturell zu unterstützen, die dezidiert liberal-konservative Werte vertreten, und lassen diese, wenn der linksgrüne

Aufschrei kommt, im Regen stehen. Sie haben Angst vor Kontaktschuld. Sie wollen nicht öffentlich als reaktionär gebrandmarkt werden.

Es wird einige Jahre und viele Anstrengungen brauchen, um das zu ändern. Es wird große finanzielle Ressourcen brauchen. Bedeutend größere, als bisher aufgewendet werden.

## Herausforderung annehmen

Gibt es genug Förderer, die bereit sind, die Herausforderung anzunehmen? Unternehmer und Gönner, die es möglich machen, eine neue medienwirksame Generation von Akademikern, Medienschaffenden, Politikern, Kulturschaffenden zu bilden? Eigene Medien und Plattformen zu stellen?

Spätestens seit Corona wissen wir, wie gut sie funktioniert, die Überzeugungsarbeit von ZDF, ARD, ORF, SRF, den großen Verlagshäusern wie Springer, Bertelsmann und Ringier. Es braucht also eigene Kanäle, Ausbildungsstätten und Übungsorte der Argumentations- und Debattenkunst. Und es braucht finanzstarke, politisch vernetzte Rückendeckung. Nur so bringt man Kreative, Intellektuelle, Führungskräfte und Politiker dazu, sich mit dem Mainstream anzulegen. Wenn alle immer Angst haben, dass sie ihren

Job verlieren, ihren Ruf oder den Freundeskreis, wird sich nichts ändern. Man muss den Leuten zeigen, dass sie auch dann noch einen Job, einen Ruf und einen Freundeskreis haben, wenn sie den Mainstream öffentlich kritisieren.

## Der erste Schritt

Der erste Schritt bestünde wohl darin, sich bewusst zu machen und auch öffentlich klarzustellen, dass es einen Kulturkampf *gibt*. Das ist nicht selbstverständlich. Nicht nur in liberalen, sondern auch in konservativen Kreisen trifft man immer wieder Leute, die das leugnen. Leute, die den hier beschriebenen Kulturkampf für eine rechtspopulistische Verschwörungstheorie halten. Steckt hinter einer solchen Gegenwartsverleugnung vielleicht die Angst, öffentlich Farbe bekennen zu müssen, etwas riskieren zu müssen? Geht es darum, dass man handeln müsste, wenn man sich eingesteht, dass die Freiheit unter Beschuss ist?

Die Augen zu verschließen hilft jedenfalls nicht weiter. Die Kulturkämpfer des Klimaschutzes und des Identitätssozialismus werden keine Ruhe geben, bis ihnen alle zustimmen. Und am Ende werden auch sie – wie alle ihre ideologischen Vorläufer – keine Gefangenen machen und ihre eigenen Kinder fressen.

## Kampf um die Familie

Exemplarisch für den aktuellen Kulturkampf steht die Relativierung und Demontage der klassischen Familie (bestehend aus Mama und Papa, die treu miteinander leben, und den Kindern, die in der Nestwärme dieser Liebe aufwachsen).

Es lohnt sich, diesen Punkt mit einem kleinen Exkurs etwas zu vertiefen. Die Relativierung und Demontage der klassischen Familie zeigt sich bereits darin, dass diese als öffentliches *Role Model* abgetreten ist, dass sie kein mediales Gewicht mehr haben darf – denn das stört die woke Propaganda der bunten Regenbogenfarben, der 72 Geschlechter und der Promiskuität.

Der Zeitgeist sieht den Menschen im Wesentlichen als Selbstverwirklicher und Selbstoptimierer. Vor diesem Hintergrund darf natürlich auch die Familie nicht mehr als Ort erscheinen, der mich abhängig macht, der mich einfügt in ein Geflecht aus Beziehungen. Beziehungen, die ich nicht selber herstellen oder im Griff haben kann, in denen ich nur Teil eines größeren Ganzen bin. Nein, im Zeitalter der Selbstverwirklichung sollen Beziehungen mitsamt Familie höchstens als vorläufiger Verbund von Individuen betrachtet werden, die je ihre eigene Erfüllung suchen. Daher die Rede von der lebensweltlichen «Vielfalt».

Wenn aber Familien und Beziehungen keine letzte, über mich hinausgehende Verbindlichkeit und Tragweite haben, muss ich Liebe und Lust auch nicht als Einheit betrachten. Dann kann ich die beiden Sphären trennen und kann beides auch an verschiedenen Orten mit verschiedenen Leuten ausleben. Genau wie Familie ist Sexualität dann nicht mehr etwas Größeres als mein Ich, sondern nur noch ein Teil davon. Sexualität findet *in mir* statt. Weil meine Partner grundsätzlich austauschbar sind – wie etwa auch beim Sport –, ist es nicht wesentlich, mit wem ich wie lange zusammen bin, denn die Quelle und letzte Bestimmung der Sexualität bin ja ich selbst.

Eine Folge dieser Sexualität der frei wechselnden Partner ist der staatlich geförderte Schutz vor Krankheit und Schwangerschaft. Eine Massenkultur, die nicht auf gegenseitige Treue angelegt ist, muss mechanische und chemische Schutzwände zwischen den Partnern errichten, um die Gesundheit aller nicht zu gefährden.

## Christliche Sexualität

Im Vergleich dazu liegt die Quelle und letzte Bestimmung der Sexualität – aus christlicher Sicht – nicht in mir selbst (oder einfach im Lustgewinn), sondern im größeren Ganzen einer intimen Bindung. Sexualität ist christlich gedeutet natürlich auch eine Lustquelle, jedoch verstanden als eine *Feier des Leibes*. Verstanden als eine schöpferische Hingabe, die Offenheit schafft für neues Leben. Das ist eine Sexualität, deren Partner *nicht* austauschbar sind. Eine auch in die seelische Tiefe gehende Sexualität, die mich übersteigt, ja, die überhaupt erst möglich wird, wenn ich mich loslasse in eine echte, unberechenbare Intimität und Selbstauslieferung hinein. Eine solche Sexualität kann nicht entstehen im Wissen, dass jeder jederzeit austauschbar ist. Eine solche Hingabe braucht den vertrauensvollen Raum der Treue.

Zugespitzt könnte man sagen: Was der momentane Mainstream unter Sex versteht, ist gar keine personale Sexualität, sondern lediglich Triebbefriedigung mit vorläufigen Erfüllungsgehilfen.

Mario Vargas Llosa, der bekannte Literaturnobelpreisträger, schreibt dazu in seinem Buch «Alles Boulevard» (2013): «Wer den Sex aus den Schlafzimmern holt, um ihn öffentlich auszustellen, befreit ihn paradoxerweise nicht, sondern schickt ihn zurück in die Steinzeit, als die Paare, wie Affen oder Hunde, noch nicht gelernt hatten, miteinander zu schlafen, sondern nur zu kopulieren.»

## Banalisierung und Demontage

Tatsächlich ist es augenfällig, wie banal sexuelle Darstellungen heute wirken, wenn sie uns in den Vitrinen der Unterhaltung begegnen, in den Postulaten der Polygamisten oder in der Welt der Werbung.

Augenfällig ist auch, wie *negativ* die klassische Ehe dargestellt und immer wieder als Ort der Unterdrückung und eines falschen Lebens dargestellt wird. In erfolgreichen, preisgekrönten US-Filmen wie «The Hours», «American Beauty» oder «Gone Girl» sieht man ausschließlich Abgründe der monogamen Ehe. In «The Hours» besteht das einzige glückliche Paar aus zwei älteren lesbischen Frauen. In «American Beauty» sind alle Beziehungen gestört, vor allem die eines homophoben Ex-Militärs, dessen verdrängte Homosexualität am Ende zu einem Mord führt. Und in «Gone Girl», dem neuesten der drei Filme, ist die Ehe von Anfang an eine inszenierte Lüge, die aus egoistischen Motiven aufrechterhalten wird. Wenn man es nicht besser wüsste, könnte man meinen, Hollywood-Drehbücher würden von Leuten geschrieben, die homosexuelle Verbindungen schätzen und der heterosexuellen Monogamie den Kampf angesagt haben.

Auch erfolgreiche Fernsehserien wie «How I Met Your Mother» oder «Modern Family» feiern einen luftigen Hedonismus. In «Modern Family» geht es besonders modern zu: Eine unersetzliche Verbindung *Mama – Papa – Kinder* gibt es gar nicht mehr, auch wenn das in der Realität unserer Gesellschaft immer noch am meisten vorkommt. Die «Modern Family» besteht nur noch aus provisorischen Patchwork-Konstellationen und einem schwulen Paar, das sich rührend um das adoptierte Kind kümmert. Im Grunde ist das die moderne Variante der alten Hippie-Kommune, durchgespielt in der Welt des gehobenen Mittelstands von heute, mit Wohnhäusern in der gender-sensiblen Vorstadt.

## Krippenplatz-Feminismus

Während die meisten Medien, wenn es um Feminismus geht, nach wie vor eine Befreiung von traditionellen Rollenbildern thematisieren, die in Wahrheit kaum noch jemanden einschränken, sehen sich in der Realität immer mehr junge Mütter, die auch im 21. Jahrhundert gern Hausfrau sind, von echter Diskriminierung betroffen. Der Krippenplatz-Feminismus behandelt sie wie Rückständige, benachteiligt sie finanziell und verklärt die Arbeitswelt zum eigentlichen Ort der Emanzipation.

Man kann überhaupt sagen, dass Familienpolitik wesentlich Wirtschaftspolitik geworden ist. Emanzipation 2.0 ist gleich «Macht und Karriere».

Dass diese Politik nicht primär nach dem Glück der *Kinder* fragt oder nach dem Wohl der Familie oder auch nach dem eigentlichen Wohl der Frau selbst, liegt auf der Hand. Wenn Frauen und Männer primär als Humankapital betrachtet werden und man sie anleitet, sich selber ebenso zu betrachten, dann geht es nicht mehr darum, nach Lebensglück und Liebe zu fragen. Wenn Mama und Papa müde ins Büro gehen, während die Kinder extern betreut werden, bis auch sie eines Tages müde ins Büro gehen, dann entspricht das der bereits skizzierten genderkonformen Idee von Familie: ein vorläufiger Verbund von Individuen, die je ihre eigene Verwirklichung suchen.

## Totalitarismus gegen die Familie

In diesem Zusammenhang ist es interessant zu wissen, dass fast alle totalitären Bewegungen der Vergangenheit sich gegen die klassische Familie als unverfügbare Einheit gewandt haben. Ob Nationalsozialismus, Kommunismus oder Sozialismus: Immer wurde versucht, die Verbindung von Mama, Papa und Kindern aufzubrechen, um in diesen Schutzraum hineinzukommen, mit einem politischen Programm. Theodor Adorno, der bekannte Philosoph der Frankfurter Schule, hielt schon im letzten Jahrhundert fest: «Die Ehe ist die letzte Form der Subversion im Zeitalter des Warentausches.»

Inzwischen löst sich diese Subversion, ähnlich wie das Christentum, in Luft auf, zumindest in Westeuropa. Ehe und Familie sind Gegenstand verschiedener politischer Programme der Optimierung und Ökonomisierung. Im Grunde sogar der Atomisierung und Vereinzelung.

## Sinn für Realität

Auf einer pragmatischen Ebene – jenseits solcher Überlegungen rund um Christentum, Familie oder Freiheit – wäre es in der aktuellen Situation bereits sehr hilfreich, wenn wir junge Menschen wieder bekannt machen könnten mit einem bodenständigen Sinn für Realität.

Ich meine in erster Linie einmal die Realität der menschlichen Natur, wie sie mehr oder weniger immer schon war und wie die Utopia-Methode sie konsequent leugnet. Die Realität des schwachen und doch starken Menschen, fähig zum Niedrigsten wie zum Edlen und Hohen.

Es wäre sehr hilfreich, wenn junge Menschen wieder realisieren würden, dass es in der Politik wie im eigenen, persönlichen Leben letztlich darum geht, idealistisch und zugleich realistisch zu sein, mit Geschichtsbewusstsein. Frei nach der Devise von Winston Churchill: «Die Demokratie ist die schlechteste Staatsform, abgesehen von allen anderen.» Das ist ein brauchbarer Ansatz, um einem jungen Menschen die einmaligen Errungenschaften des Westens zu erklären: «Liberalismus und Kapitalismus sind die schlechtesten Systeme, um eine Gesellschaft zu gestalten, abgesehen von allen anderen.»

## Glückliche Sklaven?

Es braucht unter bürgerlich-liberalen Kreisen mehr Aufklärung über die politisch-kulturellen Herausforderungen der hier beschriebenen Entwicklungen. Nicht nur an den Universitäten, in den Redaktionsstuben oder in den Parlamenten. Auch Unternehmer sollten dafür gewonnen werden, zu erkennen: Der Genderstern und andere Symbole der Identitätspolitik bringen nicht Inklusion, sondern Unfrieden, Spaltung und Verwirrung. Der neue Sozialismus ist keine Friedens-, sondern eine Kampfansage. Destabilisierend für den Einzelnen, destabilisierend für die Gesellschaft. Eine Gesellschaft der Freiheit und Offenheit wird nur Bestand haben auf dem jüdisch-christlichen Boden der bisherigen Errungenschaften.

Denn wie schon die Autorin Marie von Ebner-Eschenbach gesagt hat: «Die glücklichen Sklaven sind die erbittertsten Feinde der Freiheit.»

## Schon viel gewonnen

Nur wenn wir es nicht erlauben, dass wir zu einer Kultur glücklicher Sklaven werden, unter den moralisch korrekten Fahnen des Mainstreams, bleiben wir eine Kultur der Freiheit. Nur dann bleiben wir eine Gesellschaft, die sagt: «Deine Äußerlichkeiten sind bei uns nicht ausschlaggebend. Deine Hautfarbe ist nicht ausschlaggebend. Dein Geschlecht ist nicht ausschlaggebend. Deine sexuelle Ausrichtung ist nicht ausschlaggebend. Nur dein Charakter und deine Handlungen zählen. Nur das zählt, woran du mit uns teilhast und wofür du dich einsetzt. Für dich selbst, für deine Familie, für dein Land.»

Ich glaube, das ist eine wichtige Botschaft. Und es wäre schon viel gewonnen, wenn der nächsten Generation neu bewusst werden würde: Alle sozialistischen Bewegungen, die sich gern als die moralisch bessere Variante zum Liberalismus präsentieren – in welchem Kleid auch immer sie jeweils auftreten –, sind am Ende große Pessimisten der Freiheit. Und sie landen stets bei einer Art Ersatz-Religion der staatlichen Bevormundung.

Im Vergleich dazu basiert die erfolgreiche und vielfältige Kultur des Westens auf dem festen Glauben an die persönliche Freiheit. Freiheit als gemeinschaftsdienliche Gestaltungskraft. Freiheit als Kraftquelle für ein selbstbestimmtes Leben in der besten aller möglichen Welten.

## Weiterhin erhältlich

Giuseppe Gracia

**Das therapeutische Kalifat**

*Meinungsdiktatur im Namen des Fortschritts*

Es ist eine Binsenweisheit, dass die Eliten den öffentlichen Diskurs in Medien, Kultur und Politik dominieren. Immer öfter agieren sie jedoch mit dem moralischen Anspruch von Volkstherapeuten, die alle zum friedlichen Zusammenleben erziehen wollen. Unmerklich hat sich in Westeuropa auf diese Weise ein therapeutisches Kalifat etabliert: Wer mit seinen Ansichten von der verordneten Therapie abweicht, muss mit Sanktionen rechnen. Schließlich wollen die Eliten die Wahrheit allein definieren. So ist ein neuer Klassenkampf zwischen «Therapeuten» und «Patienten» in unseren Breitengraden entstanden.

Feinsinnig und mutig skizziert der Schriftsteller Giuseppe Gracia die „öffentliche Patientenverordnung" in Medien und Politik und plädiert für einen zivilen Ungehorsam und den Mut zum Widerspruch.

**978-3-03848-159-1 | 64 Seiten | Klappenbroschur**

## Weiterhin erhältlich

Monika Hausammann

**Die große Verkehrung**

*Dem Humanismus mit biblischem Denken begegnen. Eine Ansage.*

Wie unter einem Brennglas steht die Frage nach der Freiheit des Menschen heute im Zentrum der Debatten. Aber wissen wir überhaupt noch, was Freiheit ausmacht? Ist es nur noch das Freisein von etwas, das uns antreibt? Wissen wir überhaupt noch, was Freiheit ist? Sind wir noch Produzenten der Freiheit, oder nur noch Konsumenten?

Mit klaren Federstrichen und einem klugen und entlarvenden Blick auf die «Denkfiguren der Verkehrung» moderner Gesellschaftsingenieure findet die Autorin den Angelpunkt für eine Umkehr in den tieferliegenden Fundamenten der biblischen Offenbarung: Denn die wahre Freiheit entfaltet sich in der heiligen Gebundenheit des Herzens.

**978-3-03848-233-8 | 144 Seiten | gebunden**